15 Décembre 1909

Marqué PN

VENTE

Du Mercredi 15 Décembre 1909

HOTEL DROUOT, SALLE N° 6

A DEUX HEURES

TABLEAUX ANCIENS

PASTELS — GOUACHES

PROVENANT DE LA

Collection de feu M. le Docteur AZAM

(DE BORDEAUX)

COMMISSAIRE-PRISEUR

Me HENRI BAUDOIN

Successeur de M. Paul CHEVALLIER

EXPERT

M. JULES FÉRAL

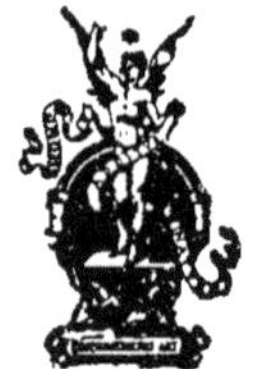

CATALOGUE

DE

TABLEAUX ANCIENS

PAR

ANTHONISSEN, AVERCAMP, BEERSTRAATEN, BRAUWER
BREKELENKAM, BRUEGHEL, CARESME, COYPEL, CRAESBEECK, CROOS
VAN GOYEN, DIRCK HALS, HÉDA, HEEMSKERK
C. DE HEUSCH, VAN KESSEL, LECLERC DES GOBELINS, LOUTHERBOURG
DE MACHY, N. MOLENAER, MOUCHERON
PEETERS, PILLEMENT, VALLIN, C. DE VISSCHER, VLIET
WYNANTS, ETC., ETC.

PASTELS, GOUACHES

Par

L. MOREAU, J.-B. PERRONNEAU, ETC.

PROVENANT DE LA

Collection de feu M. le Docteur AZAM
(DE BORDEAUX)

ET DONT LA VENTE AURA LIEU A PARIS

HOTEL DROUOT, SALLE N° 6

Le Mercredi 15 Décembre 1909

A DEUX HEURES

COMMISSAIRE-PRISEUR	EXPERT
Me HENRI BAUDOIN	**M. JULES FÉRAL**
Successeur de M. PAUL CHEVALLIER	7, rue Saint-Georges
10, rue Grange-Batelière	PARIS

EXPOSITION PUBLIQUE
Le Mardi 14 Décembre 1909, de 2 h. à 6 h.

CONDITIONS DE LA VENTE

Elle aura lieu au comptant.

Les adjudicataires paieront *dix pour cent* en sus des enchères.

Paris. — Imp. de l'Art, CH. BERGER, 41, rue de la Victoire.

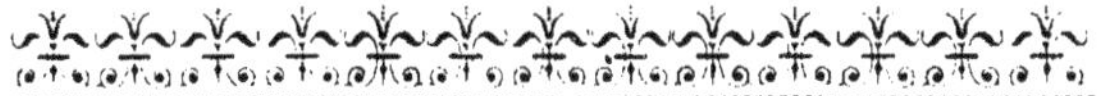

DÉSIGNATION

TABLEAUX ANCIENS

PASTELS — GOUACHES

AALST

(GUILLAUME VAN)

Delft, 1620-1678.

1 — *Nature morte.*

Un hareng sur un plat d'étain, un pain, des oignons, des verres et un couteau, le tout posé sur un tapis de velours.

Toile. Haut., 48 cent.; larg., 40 cent.

ANTHONISSEN

(HENDRICK VAN)

Anvers, 1605-1647

2 — *Marine à l'entrée d'un port.*

Une tour se détache à droite d'un groupe de constructions. Un bateau de guerre à la poupe armoriée quitte le port.

Signé du monogramme.

Bois. Haut., 65 cent.; larg., 95 cent.

ANTHONISSEN

(HENDRICK VAN)

3 — *Mer agitée.*

Des bateaux de pêche sont couchés sur les vagues écumantes.

Signé à gauche sur une épave.

Bois. Haut., 38 cent.; larg., 56 cent.

AVERCAMP

(HENRI VAN)

Amsterdam, 1585-1663 (?)

4 — *Scène de patinage.*

Bois. Haut., 40 cent.; larg., 70 cent.

Cadre en bois sculpté.

BAKHUYSEN

(Attribué à LUDOLF)

5 — *Incendie d'un bateau.*

Effet de clair de lune.

Bois. Haut., 40 cent.; larg., 53 cent.

BEERSTRAATEN

(JEAN)

Amsterdam, 1622-1666

6 — *Marine par un temps calme.*

Une galère, montée par de nombreux rameurs, approche du rivage accidenté où s'élève un château fort.

On lit à droite, sur un rocher, l'initiale *B.*

Bois. Haut., 51 cent.; larg., 77 cent.

BERGHEM

(Attribué à DIRCK VAN)

7 — *Vaches et moutons au pâturage.*

Bois. Haut., 36 cent.; larg., 48 cent.

BLANKENHOF

(JEAN)

Alkmaar, 1628-1669

8 — *Bateaux de pêche sur une mer agitée.*

Bois. Haut., 56 cent.; larg., 74 cent.

Cadre en bois sculpté.

BLOOT

(PIERRE DE)

Rotterdam, 1600 (?)-1652

9 — *Intérieur de paysans.*

Bois. Haut., 40 cent.; larg., 52 cent.

BOUCHER

(École de)

10 — *Les Baigneuses.*

Toile. Haut., 78 cent.; larg., 1 m. 10 cent.

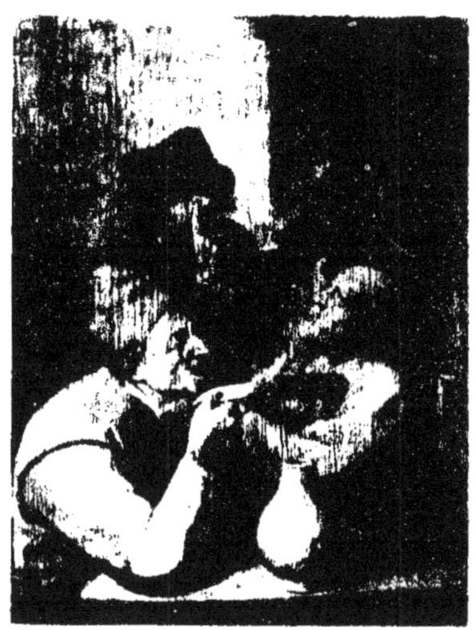

N° 11

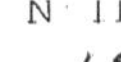

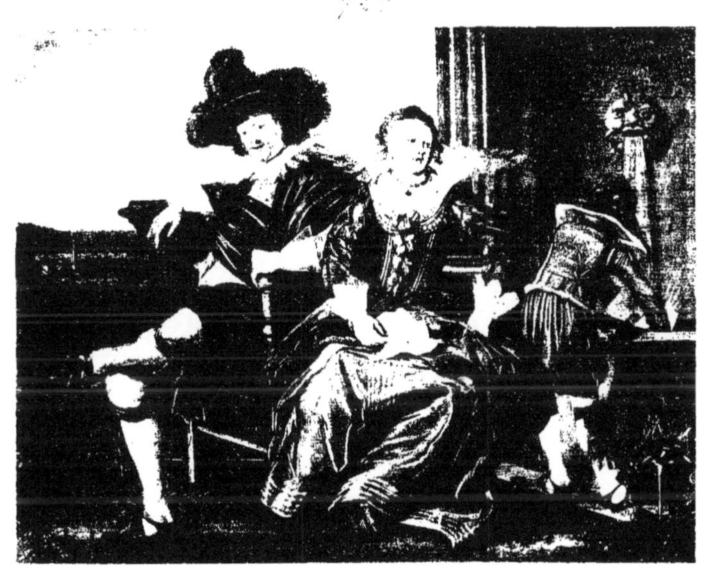

N° 38

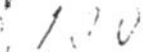

Phototypie Berthaud, Paris

BRAUWER

(ADRIEN)

Audenarde, 1605-1638

11 — *Scène de cabaret.*

Un homme coiffé d'une toque rouge, accoudé sur une table, lit une lettre. Au second plan, un musicien s'accompagne en chantant. Plus loin, un buveur debout.

On semble voir à droite une signature et la date : *1634.*

Bois. Haut., 19 cent.; larg., 15 cent.

Cadre en bois sculpté.

BRAUWER

(Attribué à ADRIEN)

12 — *Un Paysan devant une brouette.*

Bois. Haut., 12 cent.; larg., 9 cent.

BREKELENKAM

(QUERINGH GERRITZ VAN)

Swammerdam, 1620-1668

13 — *L'Aimable servante.*

Une jeune femme goûte un verre de vin, devant un fumeur assis près d'un tonneau.

Bois. Haut., 26 cent.; larg., 20 cent.

BRUEGHEL

(JEAN)

Bruxelles, 1568-1625

14 — *L'Embarquement.*

Une élégante compagnie est réunie sur la rive d'un fleuve.

Signé à gauche.

Cuivre. Haut., 18 cent.; larg., 24 cent.

BRUEGHEL

(JEAN)

15 — *Intérieur de village.*

Cuivre. Haut., 17 cent.; larg., 22 cent.

BRUEGHEL

(Attribué à JEAN)

16 — *Canal à l'entrée d'une ville.*

Cuivre. Haut., 23 cent.; larg., 28 cent.

BRUEGHEL

(AMBROISE)

Anvers, 1617-1675

17 — *Vase de fleurs.*

Bois. Haut., 65 cent.; larg., 50 cent.

Cadre en bois sculpté.

CALLOT

(Attribué à JACQUES)

18 — *Les Mendiants.*

Bois. Haut., 22 cent.; larg., 16 cent.

CARESMES

(PHILIPPE)

Paris, 1754-1796

19 — *Les Baigneuses.*

Plusieurs jeunes femmes sont réunies autour d'un bassin entouré de charmilles.

Bois. Haut., 28 cent ; larg., 20 cent.

Cadre en bois sculpté.

CARRÉ

(MICHEL)

Amsterdam, 1660-1728

20 — *La Route du Marché.*

Une paysanne montée sur un âne pousse devant elle un troupeau de bœufs, de chèvres et de moutons.

Toile. Haut., 60 cent., larg., 80 cent.

Cadre en bois sculpté.

CLOUET

(Genre de)

21 — *Portrait présumé de Henri III.*

Bois. Haut., 11 cent.; larg., 8 cent

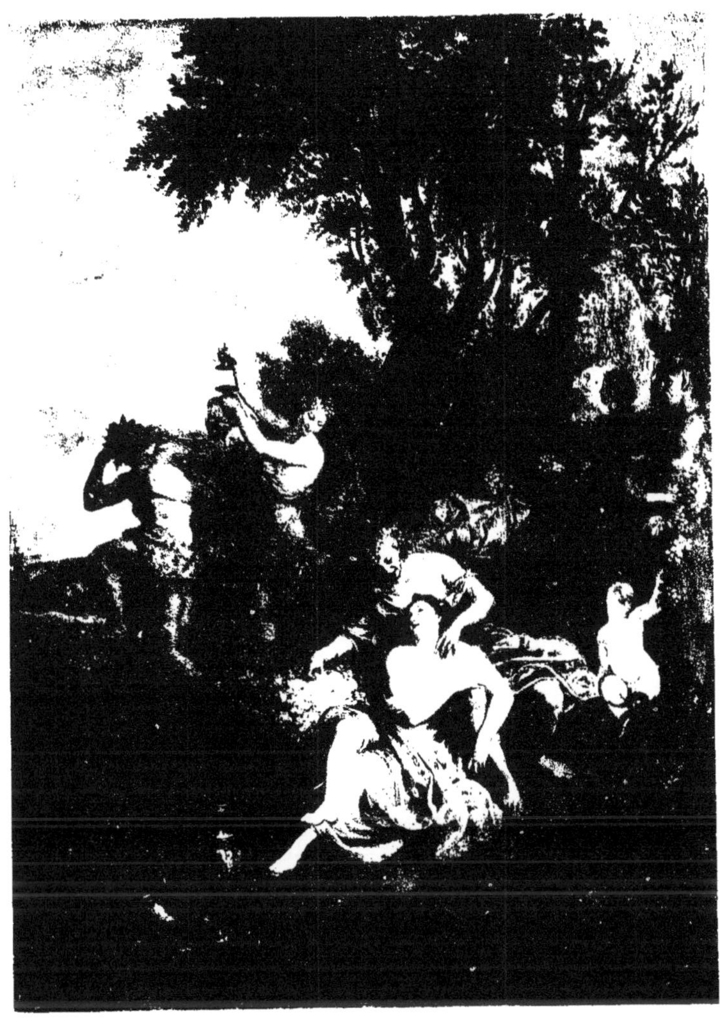

N° 22

Phototypie Berthaud, Paris

COYPEL

(ANTOINE)

Paris, 1661-1722

2.400
2.650
Tishoff

22 — *Bacchus et Ariane.*

Le jeune dieu couronné de vignes offre des fruits à sa compagne étendue à ses pieds. Des bacchantes et des faunes dansent dans la campagne; des enfants enguirlandent un dieu terme.

Toile. Haut., 1 m. 47 cent.; larg., 1 m. 10 cent.

CRAESBEECK

(JOSSE VAN)

Neerlinter, 1608-1662

23 — *La Chanson au cabaret.*

Des villageois sont réunis devant une haute cheminée, l'un d'eux, assis, chante en s'accompagnant sur un petit violon.

Bois. Haut., 25 cent ; larg., 19 cent.

Beau cadre en bois sculpté, avec écusson armorié.

CRAESBEECK

(Attribué à JOSSE VAN)

24 — *Paysans à une fenêtre.*

Bois. Haut., 19 cent.; larg., 12 cent.

Cadre en bois sculpté.

CROSS

(ANTOINE VAN DER)

Reenen, † 1660

25 — *Château au bord d'une rivière.*

Des pêcheurs montés dans une barque tirent un filet ; un autre bateau s'approche de la rive où l'on remarque une tour en ruine entourée d'arbres.

Signé et daté : *1650.*

Bois. Haut., 28 cent.; larg., 43 cent.

DEKKER

(CORNEILLE)

Haarlem, † 1678

26 — *Chaumières à l'entrée d'un bois.*

Des paysans se reposent au bord d'une route suivie par un chasseur. Dans le fond, les constructions d'une ville.

Bois. Haut., 50 cent.; larg., 67 cent.

Cadre en bois sculpté.

DE MARNE

(JEAN-LOUIS)

Bruxelles, 1744-1829

27 — *Le Repos à la campagne.*

Une jeune femme assise au pied d'un arbre tient une lettre à la main. Devant elle, un chien et un âne.

Bois. Haut., 18 cent.; larg., 24 cent.

DOW

(D'après GÉRARD)

28 — *La Lecture de la Bible.*

Bois. Haut., 56 cent.; larg., 45 cent.

DUPLESSIS

(MICHEL)

Versailles, XVIIIe siècle

29 — *Le Départ du bivouac.*

Un homme d'armes tient par la bride un cheval blanc et regarde un couple traversant un pont de bois sur une rivière.

Signé à gauche.

Bois. Haut., 55 cent.; larg., 70 cent.

Cadre en bois sculpté.

DUPLESSIS

(MICHEL)

30 — *Halte de soldats.*

Trois hommes assis ou couchés, autour d'un tonneau, prennent une collation. Près d'eux, une mule chargée d'un bât.

Bois. Haut., 33 cent.; larg., 47 cent.

Cadre en bois sculpté.

GALARD

(GUSTAVE DE)

Lectoure, 1777 ?-1840

31 — *Huitres et crevettes.*

Signé à gauche.

Bois. Haut., 27 cent.; larg., 22 cent.

Cadre en bois sculpté.

GIRARDIN

(ALEXANDRE DE)

Paris, 1767 † (?)

32 — *Paysage accidenté.*

Au premier plan, deux figures au bord d'un cours d'eau.

Signé : *A. G*, *1786*.

Bois. Haut., 22 cent.; larg., 24 cent.

GOYEN

(JEAN VAN)

Leyde, 1596-1666

33 — *Vue des Environs d'Arnheim.*

Quelques villageois sont réunis à droite sur un monticule, où l'on remarque deux arbres ébranchés. A gauche, une large vallée s'étend sous un ciel nuageux.
Signé du monogramme et daté : *1639*.

Bois. Haut., 26 cent.; larg., 44 cent.

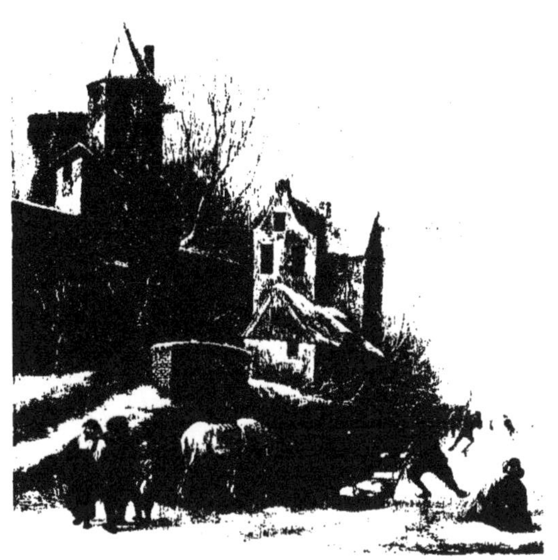

N° 63

1,800

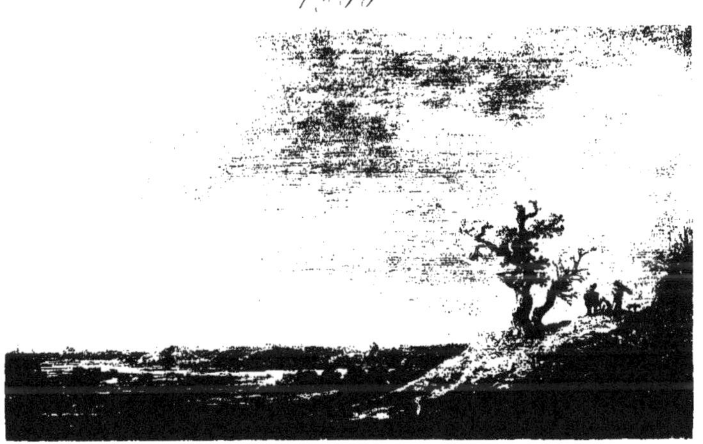

N° 33

2,400

Phototypie Berthaud, Paris

GOYEN

(Attribué à JAN VAN)

34 — *Paysage accidenté.*

Une route franchit un monticule animé de nombreux personnages. Dans le fond, les églises d'une ville.

Bois. Haut., 25 cent. ; larg., 35 cent.

GOYEN

(Attribué à JEAN VAN)

35 — *Le Chemin tournant.*

Une charrette suit une route sinueuse devant un château.

Bois. Haut., 33 cent. ; larg., 26 cent.

GRIEF

(ADRIEN)

Anvers, 1670-1715

36 — *Le Marchand de légumes.*

A gauche, un paysan monté sur un âne.
Signé à droite.

Bois. Haut., 33 cent. ; larg., 48 cent.

Cadre en bois sculpté.

GYSSELS

(PIERRE)

Anvers, 1623-1690

37 — *Une Table d'office.*

Un canard et des oiseaux morts sont réunis autour d'un plat d'œufs.

Cuivre. Haut., 15 cent. ; larg., 20 cent.

HALS

(DIRCK)

Haarlem, †-1656

38 — *Le Repos sur la terrasse.*

Un gentilhomme en large culotte rouge, chapeau empanaché de plumes, un manteau noir drapé sur sa veste jaune, est assis dans un fauteuil, près d'une dame élégamment vêtue d'une robe lie de vin aux basques retroussées sur une jupe verte. A droite, un page trempe ses mains dans le bassin d'une fontaine en pierre.

Bois. Haut., 25 cent.; larg., 33 cent.

Cadre en bois sculpté.

HÉDA

(GUILLAUME-NICOLAS)

Haarlem, 1594-1678 (?)

39 — *Nature morte.*

Un pain, des fruits, une gimblette, des plats d'étain et un gobelet de cuivre.

Bois. Haut., 35 cent.; larg., 62 cent.

HEEMSKERK

(EGBERT VAN)

Haarlem, 1610-1680

40 — *Scène de cabaret.*

Un homme assis devant une table près d'une femme âgée lui offre à boire.

Bois. Haut., 52 cent.; larg., 46 cent.

HEUSCH

(GUILLAUME DE)

Utrecht, 1638 (?)-1669

41 — *Paysage montagneux.*

Un cavalier est arrêté sur une route devant un berger assis sur un rocher.

Bois. Haut., 29 cent.; larg., 41 cent.

HOECK

(JEAN VAN DEN)

Anvers, 1611-1651

42 — *Entrée d'un port.*

Cuivre. Haut., 6 cent.; larg., 10 cent.

HULST

(FRANÇOIS DE)

Haarlem, ?-1661

43 — *Porte fortifiée au bord d'un canal.*

Un pont-levis précède une porte monumentale flanquée de deux tours. Sur un canal, des barques de pêcheurs et des bateaux à voiles.

Signé à droite sur un bateau.

Bois de forme ovale.

Haut., 40 cent. ; larg., 52 cent.

JARDIN

(Attribué à KAREL DU)

44 — *Bergers et animaux au bord d'un lac italien.*

Bois. Haut., 14 cent.; larg., 18 cent.

JARDIN

(Attribué à KAREL DU)

45 — *Le Maréchal ferrant.*

Toile. Haut., 55 cent.; larg., 44 cent.

KESSEL

(JEAN VAN)

Anvers, 1626-1679

46 — *Fleurs dans un vase.*

Bois. Haut., 29 cent.; larg., 18 cent.

KESSEL

(JEAN VAN)

47 — *Poissons sur une plage.*

Cuivre. Haut., 13 cent.; larg., 18 cent.

KICK

(CORNEILLE)

Amsterdam, 1635-1675

48 — *Nature morte.*

Une grenade, des pièces d'orfèvrerie, un citron et un verre de vin sur une table de marbre.

Signé à gauche.

Bois Haut., 44 cent.; larg., 34 cent.

LACROIX

(École Française, XVIIIe siècle)

49 — *Tempête sur la côte.*

Des marins tirent une barque sur un rocher.

Toile. Haut., 75 cent.; larg., 96 cent

Cadre en bois sculpté.

LACROIX

(École Française, XVIIIe siècle)

50 — *Soleil couchant dans un port italien.*

Ce tableau porte, près d'une fausse signature de Joseph Vernet, un monogramme authentique.

Toile. Haut., 44 cent.; larg., 67 cent.

LANCRET

(Genre de)

51 — *Les Galants Jardiniers.*

Bois. Haut., 46 cent.; larg., 58 cent.

LANTARA

(SIMON-MATHURIN)

Oncy, 1729-1778

52 — *Paysage au bord de la mer.*

Effet de clair de lune.

Bois. Haut., 14 cent.; larg., 20 cent.

LECLERC DES GOBELINS

(SÉBASTIEN)

Paris, 1676-1763

53 — *La Partie de musique.*

D'élégants personnages sont assis sur un tertre. Une jeune femme chante, tenant une partition ouverte sur ses genoux, un jeune homme l'accompagne en jouant de la flûte.

Bois. Haut., 14 cent.; larg., 17 cent.

LEEUW

(GABRIEL VAN DER)

Dordrecht, 1643-1688

54 — *Convoi d'armée.*

Des soldats accompagnent un troupeau de bœufs, de chèvres et de moutons.

Toile. Haut., 44 cent.; larg., 55 cent.

LOUTHERBOURG

(PHILIPPE-JACQUES)

Strasbourg, 1740-1812

55 — *Pastorale.*

Deux enfants dansent dans une prairie où des bergers gardent leurs troupeaux de moutons.

Bois. Haut., 19 cent.; larg., 35 cent.

MACHY

(PIERRE-ANTOINE DE)

Paris, 1722-1807

56 — *Ruines italiennes.*

Des lavandières, des cavaliers, une villageoise et ses enfants animent le premier plan.

Bois. Haut., 37 cent.; larg., 46 cent.

Cadre en bois sculpté.

MANGLARD

(ADRIEN)

Lyon, 1695-1760

57 — *Port de mer.*

Des personnages historiques sont réunis sur un quai devant des monuments.

Effet de soleil couchant.

Bois. Haut., 48 cent.; larg., 62 cent.

Cadre en bois sculpté.

MERCK

(JACOB VAN DER)

(École Hollandaise, XVIIe siècle)

58 — *Portrait d'Homme.*

Les cheveux bruns bouclés pendant sur les oreilles, un col blanc rabattu sur son habit noir, il est vu de trois quarts, tourné vers la droite, tenant son chapeau à la main.

On lit sur le fond : *A. E.* [e] 25 *J. V. Merck 1648.*

Bois. Haut., 74 cent.; larg., 58 cent.

MEERHOUT

(Attribué à J.)

59 — *Village au bord d'une rivière.*

Bois. Haut., 31 cent.; larg., 39 cent.

MEERHOUT

(Attribué à J.)

60 — *Château au bord d'une rivière.*

Bois. Haut., 48 cent.; larg., 63 cent.

MIGNON

(Attribué à ABRAHAM)

61 — *Le Plat de fraises.*

Posé sur une table de marbre avec des cerises, des groseilles, une orange et deux verres de vin.

Bois. Haut., 37 cent.; larg., 29 cent.

Cadre en bois sculpté.

MIGNON

(Attribué à ABRAHAM)

62 — *Raisins et montre en or sur une table.*

Bois Haut., 20 cent.; larg., 25 cent.

MOLENAER

(NICOLAS)

(École hollandaise, XVIIe siècle)

63 — *L'Hiver en Hollande.*

Devant les constructions d'un village, de nombreux personnages sont réunis sur la glace. Un homme pousse un traîneau ; devant une fontaine, un cheval blanc boit dans un bassin.

Signé à gauche en toutes lettres.

Bois. Haut., 34 cent.; larg., 30 cent.

MOLENAER

(NICOLAS)

64 — *Paysage d'hiver.*

Au centre, un traîneau attelé d'un cheval blanc.

Bois. Haut., 21 cent.; larg., 15 cent.

MOLENAER

(Attribué à JEAN-MIENSE)

65 — *La Belle Ménagère.*

Un villageois vêtu de rouge s'endort sur une table, où un jambon est servi dans un plat. Un autre personnage lutine une jeune femme tenant un verre de bière.

Signé sur la table.

Bois. Haut., 45 cent.; larg., 36 cent.

MOREAU

(LOUIS)

Paris, 1740-1806

(DEUX PENDANTS)

66-67 — *Intérieurs de parcs, avec terrasses, escaliers, monuments, jets d'eau et personnages.*

Gouaches de formes rondes.

Diam., 24 cent.

MOREAU

(Attribuées à LOUIS)

(DEUX PENDANTS)

68-69 — *Sites italiens.*

Compositions avec cours d'eau et figures. Gouaches de forme ovale.

Haut., 48 cent.; larg., 46 cent.

MOUCHERON

(FRÉDÉRIC DE)

Amsterdam, 1634-1686

70 — *Paysage d'Italie.*

A gauche, sur une route accidentée, un chasseur accompagné d'un chien, et un homme poussant devant lui deux mules chargées de bâts.

Toile. Haut., 28 cent.; larg., 34 cent.

Cadre en bois sculpté.

OSTADE

(Attribué à ISAAC VAN)

71 — *Scène de cabaret.*

Bois. Haut., 24 cent.; larg., 33 cent.

Cadre en bois sculpté.

OSTADE

(D'après ADRIEN VAN)

72 — *Intérieur hollandais.*

Bois. Haut., 46 cent.; larg., 62 cent.

PATER

(Genre de)

73 — *La Toilette.*

Bois. Haut., 66 cent.; larg., 36 cent.

PEETERS

(BONAVENTURE)

Anvers, 1614-1652

74 — *Marine avec bateaux à voiles.*

Dans le fond, un trois-mâts fuit sous le vent.

Bois. Haut., 32 cent.; larg., 42 cent.

PERRONNEAU

(JEAN-BAPTISTE)

Paris, 1715-1783

75 — *Jeune fille en buste.*

4 800 Sénal

Les cheveux blonds bouclés, légèrement poudrés et relevés sur le front, la main droite drapant un fichu de gaze autour de son corsage bleu, décolleté, elle tourne la tête de trois quarts vers la gauche.

Pastel.

Signé et daté

Haut., 43 cent.; larg., 32 cent.

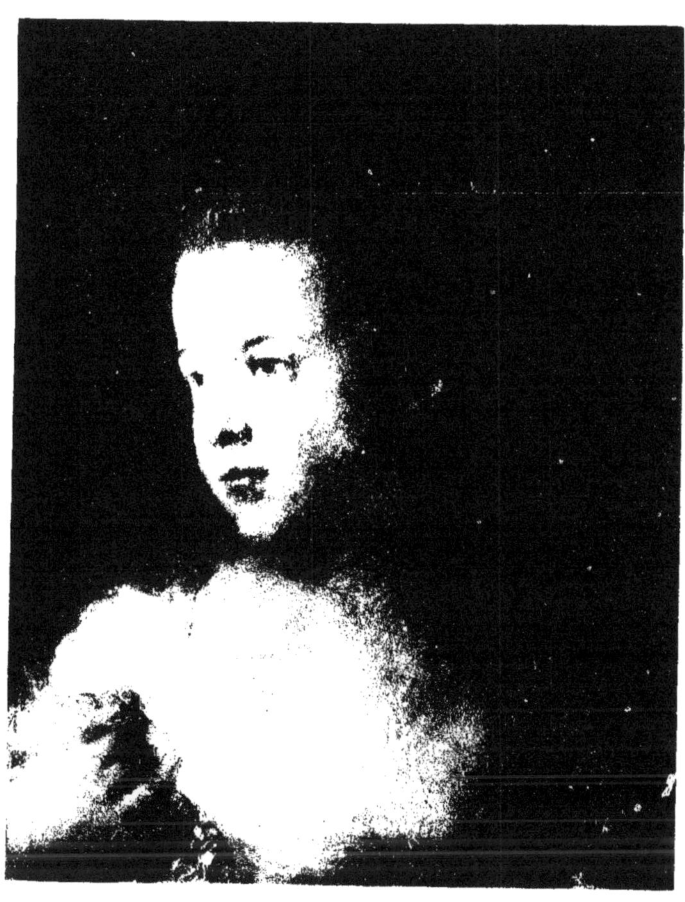

N 75

Phototypie Berthaud, Paris

PILLEMENT

(JEAN)

Lyon, 1727-1808

76 — *Bergers et leurs troupeaux dans la montagne.*

Signé à gauche.

Toile. Haut., 53 cent.; larg., 74 cent.

PILLEMENT

(JEAN)

77 — *Le Naufrage.*

Signé à gauche.

Toile. Haut., 20 cent.; larg., 30 cent.

ROGMAN

(ROLAND)

Amsterdam, 1597-1687

78 — *Le Passage du gué.*

Une charrette descend un chemin creux, conduite par des hommes engageant leurs chevaux dans un cours d'eau.

Signé à gauche du monogramme.

Bois. Haut., 75 cent.; larg., 1 m. 05 cent.

Cadre en bois sculpté.

ROSALBA-CARRIERA

(Attribué à)

79 — *Jeune Femme en buste.*

Les cheveux bruns bouclés et pendants, un fichu de gaze sur les épaules.

Pastel. Haut., 40 cent.; larg., 32 cent.

SEGHERS

(DANIEL)

Anvers, 1590-1661

80 — *Fleurs dans un verre.*

Cuivre. Haut., 26 cent.; larg., 18 cent.

SOOLMAKER

(JEAN-FRANCISQUE)

Anvers, 1635-1665 (?)

81 — *La Rentrée du troupeau.*

Un berger ouvre une barrière entre deux rochers.

Bois. Haut., 32 cent.; larg., 40 cent.

Cadre en bois sculpté.

STOOP

(DIRCK)

Utrecht, 1610-1686

82 — *Une Bataille.*

Des cavaliers repoussent une troupe d'infanterie au bord d'un cours d'eau.

Bois. Haut., 57 cent.; larg., 85 cent.

Cadre en bois sculpté.

TENIERS

(D'après DAVID)

83 — *La Partie de cartes.*

Bois. Haut., 40 cent.; larg., 45 cent.

TENIERS

(École de DAVID)

84 — *La Tentation de Saint-Antoine.*

Bois. Haut., 46 cent.; larg., 60 cent.

Cadre en bois sculpté.

TENIERS

(École de DAVID)

85 — *L'Homme à la pièce de monnaie.*

Bois. Haut., 24 cent.; larg., 18 cent.

Cadre en bois sculpté.

TENIERS

(École de DAVID)

86 — *Paysans dans les Dunes.*

Bois. Haut., 38 cent.; larg., 30 cent.

Cadre en bois sculpté.

TENIERS

(Ecole de DAVID)

87 — *Les Fumeurs.*

Bois. Haut., 29 cent.; larg., 23 cent.

Cadre en bois sculpté.

TILBORGH

(Attribué à GILLES VAN)

88 — *Villageois dans un intérieur.*

Au centre, une femme en corsage rose tient un verre de bière de ses deux mains.

Bois. Haut., 49 cent.; larg., 62 cent.

Cadre en bois sculpté.

TRÉMOLLIÈRE

(PIERRE-CHARLES)

Cholet, 1703-1739

89 — *L'Enfant aux Pommes.*

Signé et daté : *1735.*

Cuivre. Haut., 21 cent.; larg., 14 cent.

VALLIN

(JACQUES-ANTOINE)

(École française, XVIIIe siècle)

90 — *Amour lançant une flèche.*

Bois. Haut., 22 cent.; larg., 15 cent.

VAN DYCK

(D'après)

91 — *Portrait d'Homme en buste.*

Toile. Haut., 55 cent.; larg., 42 cent.

VELDE

(École d'ADRIEN VAN DE)

92 — *Berger et animaux dans la campagne de Rome.*

Toile. Haut., 60 cent.; larg., 70 cent.

Cadre en bois sculpté.

VELDE

(Attribué à GUILLAUME VAN DE)

93 — *La Rade.*

Des trois-mâts et des bateaux de pêche occupent un large estuaire.

Peinture à l'encre de Chine.

Bois. Haut., 32 cent.; larg., 50 cent.

VELDE

(Attribué à ISAAC VAN)

94 — *Patineurs sur un canal.*

Bois. Haut., 16 cent.; larg., 13 cent.

VISSCHER

(CORNEILLE DE)

École hollandaise, XVIIe siècle)

95 — *Vieille Femme coiffée d'un fichu.*

Bois. Haut., 13 cent.; larg., 11 cent.

VLIEGER

(Attribué à SIMON DE)

96 — *Voiliers sur une mer agitée.*

On distingue à droite sur une épave une signature un peu effacée.

Toile. Haut., 48 cent.; larg., 68 cent.

Cadre en bois sculpté.

VLIET

(W. VAN DER)

Delft, 1586-1644

97 — *Vieillard lisant un livre.*

Signé à gauche : *W. Van der Vliet fecit anno 1638.*

Bois. Haut., 75 cent.; larg., 65 cent.

VONCK

(ÉLIAS)

Amsterdam — † 1652

98 — *Gibier de plume.*

Un faisan, une perdrix, des bécasses et des petits oiseaux sont réunis sur une table de pierre, près d'un panier.

Signé à gauche.

Bois. Haut., 65 cent.; larg., 92 cent.

VONCK

(ÉLIAS)

99 — *Oiseaux morts.*

Bois. Haut., 16 cent.; larg., 22 cent.

WOUWERMAN

(PIERRE)

Haarlem, 1623-1682.

100 — *Attaque de brigand.*

Un cavalier est atteint par le coup de feu d'un brigand embusqué sous une grotte.

Bois. Haut., 26 cent.; larg., 29 cent.

WOUWERMAN

(Attribué à PHILIPPE)

101 — *Cavalier au bord d'un cours d'eau.*

Bois. Haut., 15 cent.; larg., 19 cent.

Cadre en bois sculpté.

WYNANTS

(JEAN)

Haarlem, 1625-1682

460

102 — *Bergers et animaux dans la campagne.*

Signé à droite.

Bois. Haut., 15 cent.; larg., 19 cent.

ÉCOLE ALLEMANDE

(XVIe siècle)

150 Van Snick

103 — *L'Adoration des Mages.*

Bois de forme ovale.

Haut., 18 cent.; larg., 29 cent.

ÉCOLE FLAMANDE

(XVIIe siècle)

40 Fano

104 — *Portrait d'Homme en buste.*

Il porte un large col de guipure rabattu sur les épaules.

Toile. Haut., 43 cent.; larg., 35 cent.

ÉCOLE FLAMANDE

(XVIIe siècle)

95 Van Snick

105 — *Jeux d'amours.*

Toile. Haut., 48 cent.; larg., 76 cent.

ÉCOLE FRANÇAISE

(XVIIIe siècle)

(DEUX PENDANTS)

106-107 — *Portraits de Jeunes Femmes.*

Elles sont assises dans un parc, en costume de soie, décolleté. L'une d'elle accoudée sur une fontaine représente les traits de Mme de Pompadour.

Toiles. Haut., 30 cent.; larg., 25 cent.

ÉCOLE FRANÇAISE

(XVIIIe siècle)

108 — *Le Garde-manger.*

Près d'une fontaine de cuivre, un singe et un chat.

Toile. Haut., 75 cent.; larg., 97 cent.

ÉCOLE FRANÇAISE

109 — *La Promenade dans le parc.*

Un couple est arrêté près d'une statue. A gauche, un scapin ; dans le fond, plusieurs personnages devant une balustrade au bord d'un bassin à jet d'eau.

Bois de forme ovale.

Haut., 37 cent.; larg., 46 cent.

ÉCOLE FRANÇAISE

110 — *Propos galants.*

Bois. Haut., 22 cent.; larg., 16 cent.

Cadre en bois sculpté.

ÉCOLE HOLLANDAISE

(XVIIe siècle)

111 — *Oiseau de proie.*

Il tient dans ses serres un petit oiseau qu'il déchire de son bec.

Bois. Haut., 56 cent.; larg., 43 cent.

Cadre en bois sculpté.

ÉCOLE HOLLANDAISE

(XVIIe siècle)

112 — *Oiseaux et accessoires de fauconnerie.*

Toile. Haut., 64 cent.; larg., 52 cent.

Cadre en bois sculpté.

ÉCOLE HOLLANDAISE

113 — *Lisière de forêt.*

Au premier plan, un cavalier sur une route.

Bois. Haut., 35 cent.; larg., 35 cent.

ÉCOLE ITALIENNE

(xvie siècle)

114 — *Le Christ couronné d'épines.*

Bois. Haut., 55 cent.; larg., 35 cent.

ÉCOLE ITALIENNE

115 — *Vénus et Vulcain.*

Bois. Haut., 17 cent.; larg., 15 cent.

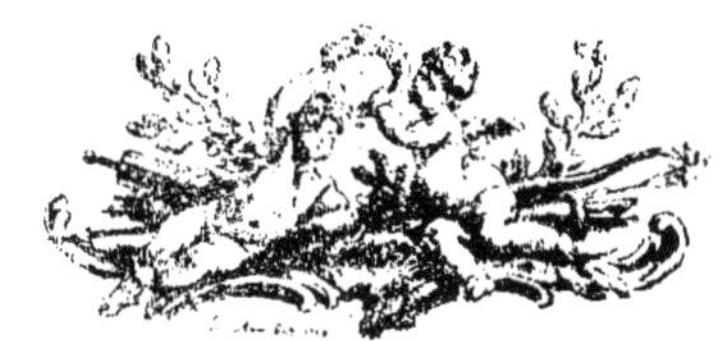

www.ingramcontent.com/pod-product-compliance
Ingram Content Group UK Ltd.
Pitfield, Milton Keynes, MK11 3LW, UK
UKHW020441180726
13839UKWH00004B/1572

9 782329 527444